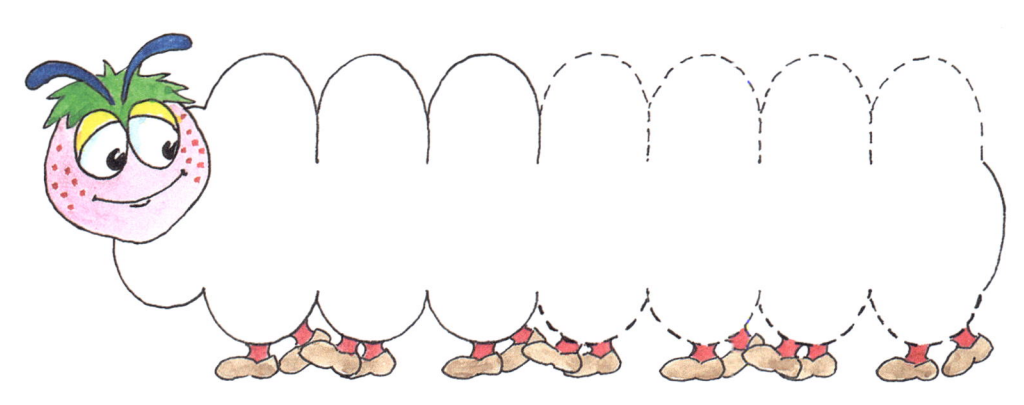

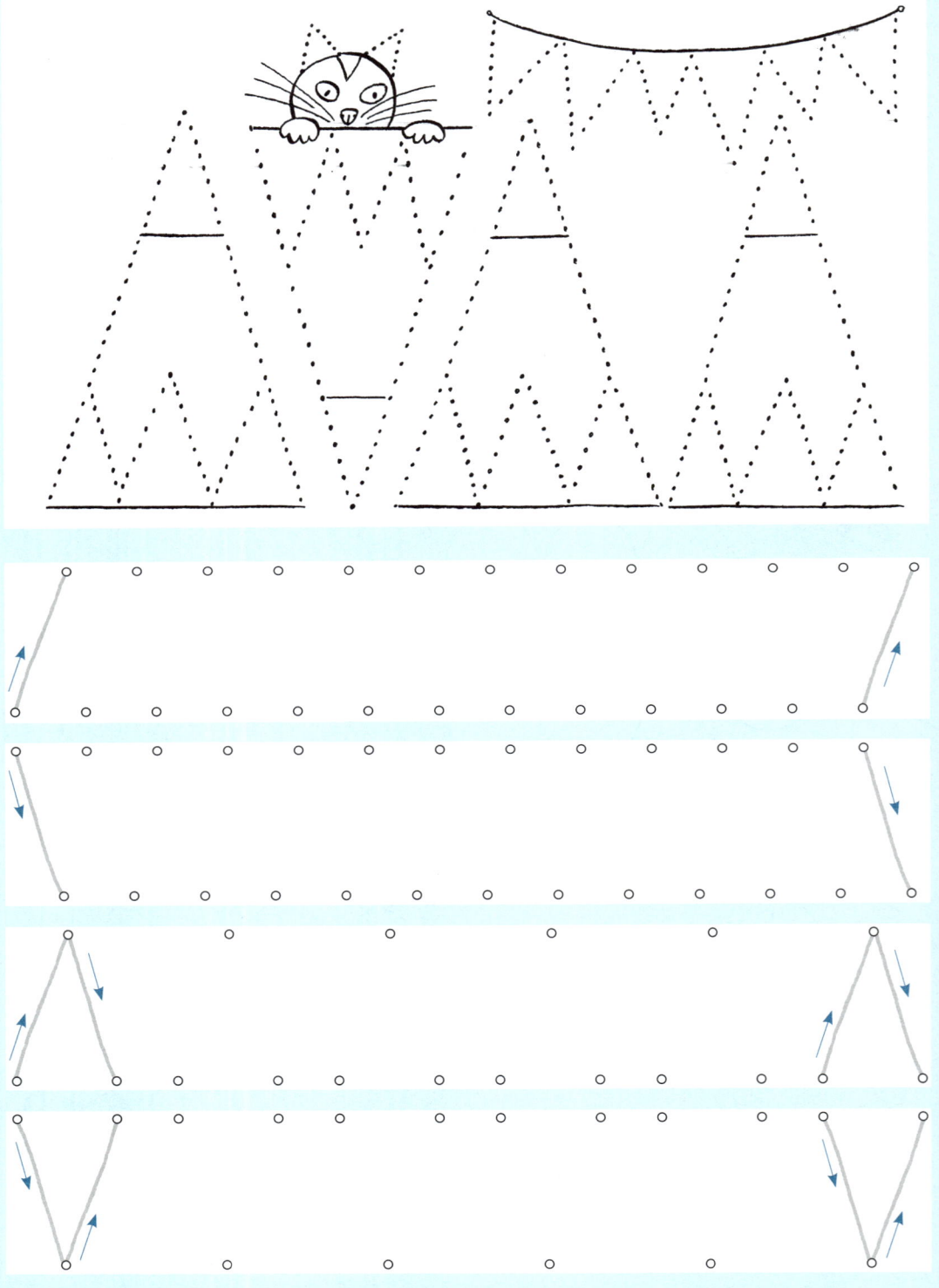

𝓜 ∕ ∕ 𝓜
𝓜

𝓜 𝓜 𝓜 𝓜 · · · · 𝓜

𝓜 · · · · · · 𝓜

𝓜ama
ama

𝓜imi
imi

M ...

a

am

ama

ami

am

a

ı   n   m

m

m m m   ·   ·   ·   ·   ·   ·   m

M m   M m

Mama   Mimi

a   a   i   i

a   a   i   i

M   m

M

m

i

i i i i

i i i i i

im im

im

Mi Mi

Mimi Mimi

Mi Mi

Mimi

a a a a a a a a a

ı ı ı a

a

a a a . . . . a

am am

 Mi    M m

Mama | Mimi | Mia | am | im | am

 ___ ist ___ .

___ ist ___ .

___ ist ___ .

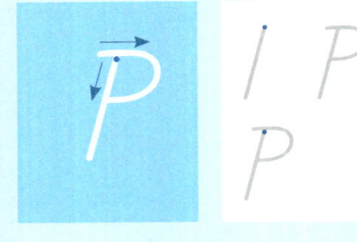

P P P · · · · · · · · · · · P

Pa   Pa

Papa

Papa

p

Papi

Papi

p

P

Pa

p

p

Papi

p

a

P p

Papi | Papa | Papi | am | im | im

ist

ist

ist

O o

O o
O

O O O · · · · · · · O

Om · · · · · Om

Oma   Opa
Omi   Opi

| Omi | Mimi | Opa | am | im | am |

Omi ___ ist ___ .
___ ist ___ .
___ ist ___ .

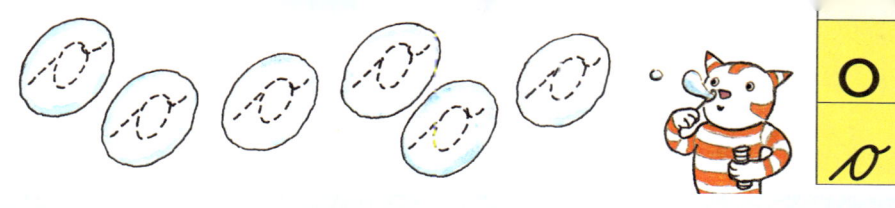

O o

Papa Mama Mia Opa Oma Mo

Opa _____ ruft _____ .

Oma _____ ruft _____ .

Mo _____ ruft _____ .

13

𝓃 𝓃 𝓃 𝓃 𝓃 𝓃

𝓃

M	I	A	M	P	O	N

M

Mimi   Oma   Papa   Ina

Mimi

Mama

m	i	o	n	p	a	m

an   in   am   im   an   in

Amon!
Mama!

_____ ruft: _____ _____

_____ und _____ sind _____.

_____ und _____ sind _____.

T

Tim! **Timi!**

Mia ruft: _____

Ina ruft: _____

18

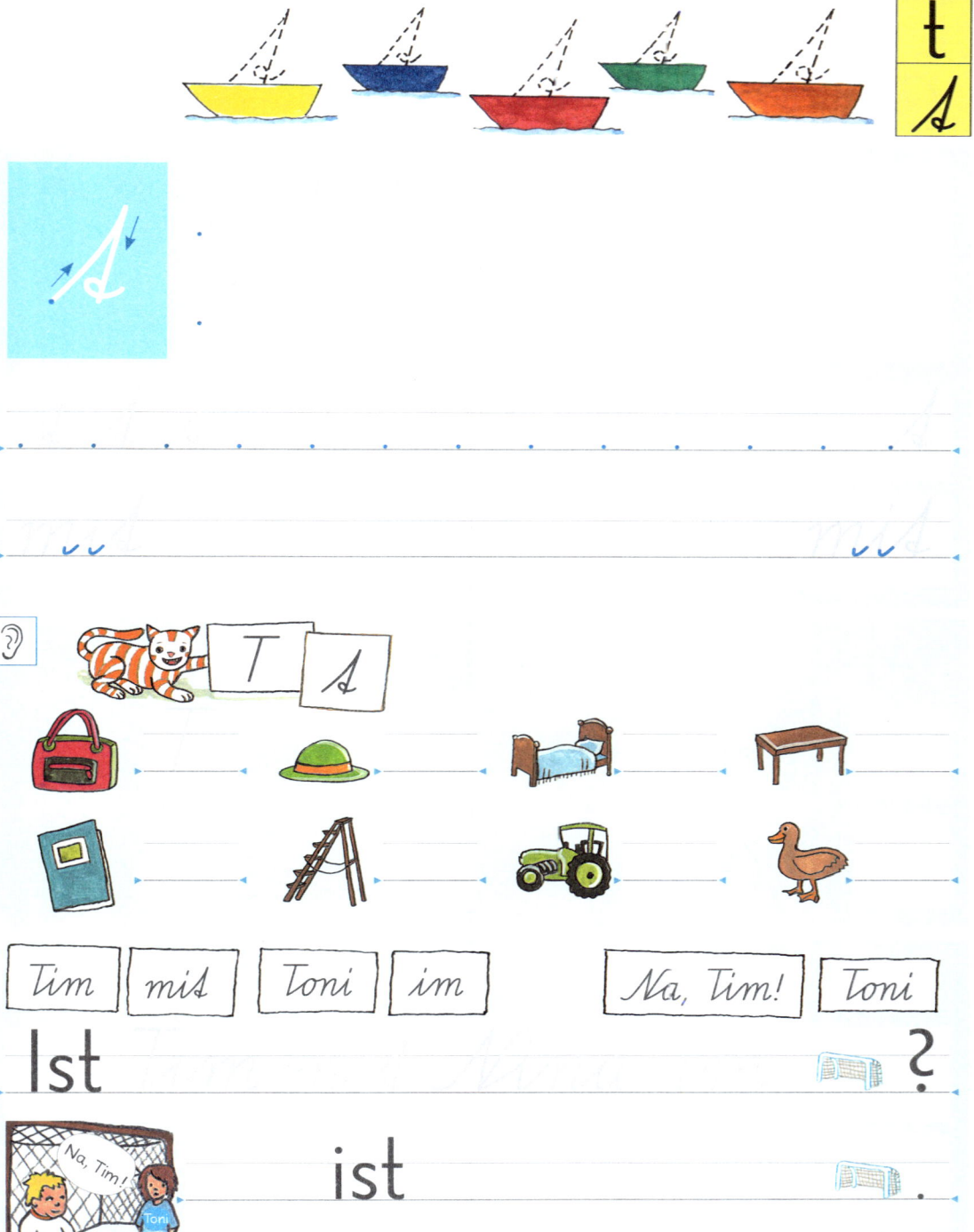

Tim mit Toni im

Na, Tim! Toni

Ist ?

ist .

ruft: !

L L

L L L   L

Li   Li

La   La

L   M   L

La   Mi   Li

Lam   Mia   Lin

Lama   Lina

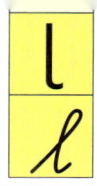

l l l · · · · · · · · · · · · · l

li li li li

lila lila

malt malt

Lina malt mit lila .

Tilo malt lila .

Tom

Uli malt mit Mimi.

u
u

u u u

u

u u u · · · · · · · u

um um

nun nun

Muli Puma

Mutti 0 Null

Uli und Mutti sind am

Uli und   sind   .

Uli ruft: …

ruft: .

E

ɛ

ɛ ɛ ɛ

Emil   Emil

Emil
Enno

Emina
Emilia

Emilia!   ruft:

Enno! Emina!   ruft:

Emina!   ruft:

Emil!   ruft:

e e e

e

e e e e

Nele Nele

Se Se

Ense Ense

Tulpen
Tannen
Palmen
Tonnen
Puppen

Alle malen .

Alle .

S s

S S

S S S · · · · · · · · · · S

So   Sonne

Panne   Sonne   Suppe

Selina tippt Salat.

| Sonne | See | Salami | Suppe |

Nun tippt Selina

Nun

ſ ſ

ſ

ſ ſ ſ . . . . ſ

iſt   iſt

ſollen

Pinsel   *Ast*   *Tasse*

Esel   *Nase*   *Sessel*

| Selina und Uli | malen | lesen | am | im |

und    .

und    .

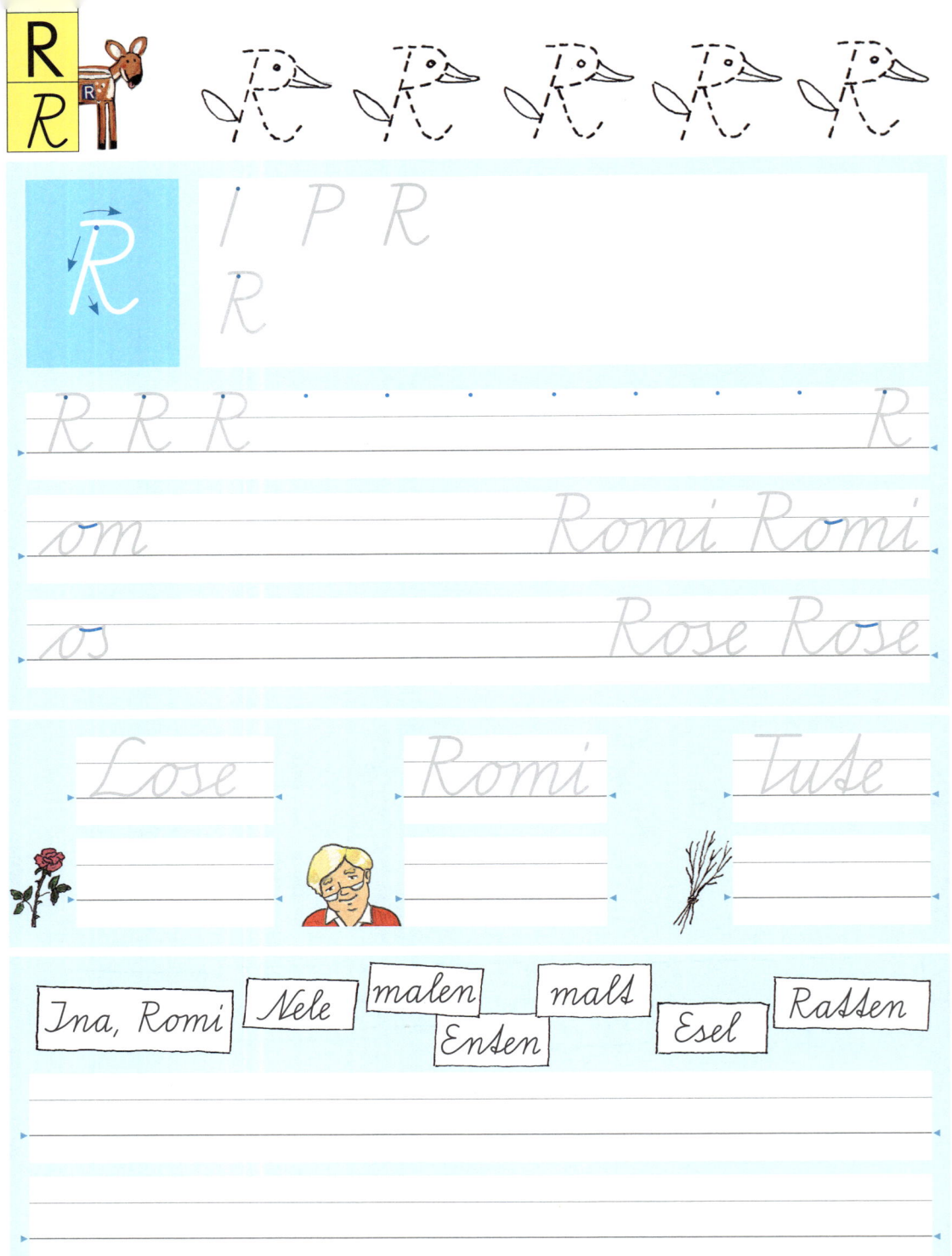

R R
R

I P R
R

R R R . . . . R

om　　　　　　　　　Romi Romi

os　　　　　　　　　Rose Rose

Lose　　　　Romi　　　Tute

Ina, Romi | Nele | malen | malt | Ratten
Enten | Esel

r r r

r

ro rn re ol

r r r · · · · · · · · r

ro rn re

alle rollen · er rollt

alle rennen · er

alle lernen · er

| mals | rolls | lerns |

Ina lesen.

Tilo rote Rosen.

Ei ei
Ei ei

Ei
ein

Eis

Reis

ein   eine

ein

Meine

H H
H

Ha Hi Ho Hu He

H   H

Halle   Halle

ein Hase

eine

ein Hase

Hannes und Nele

Tilo   rennt   rennen

rennt   So
mit einem Hut

So rennt

und

h
h

ı ı l h

h

h h

hat hat

holen er holt

hoppeln

Alle holen eine Matte.

Hannes holt ein Seil.

Mia hat einen Roller.

D d
D d

I D
c d

Dose   Dose

du   da   und

der 🐱 das

Dino   Dom

Hund   Sand

Hemd   Rad

W

l W W

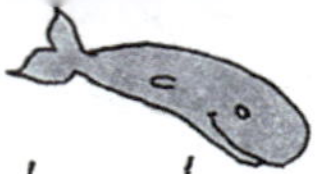

w

wo we wa

W

Wal

w

wo

wer

wir wohnen

er wohnt

wir weinen

er

Wellen

Seehunde

Wale

Wellen sind im Wasser.

W	T	L	U	S	R	Ei

W

Tilo   Nele  Selina  Romi

Tilo

Reime.

Dose *Hund* *Wand*

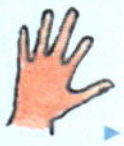

holt   wohnt   rennt

Tim _____ *ins Tor.*

Romi _____ *ein Domino.*

Willi _____ *im Wasser.*

h	t	l	u	w	s	r	d

h

ist   und   alle   nun   um   sind

ist

sol		le	
rol	len	rei	sen
wol		es	

Hannes malt mit Mia.

Uli hat eine Lampe.

Nun ist ein Hase an der Wand.

36

ie ie ie ie ie ie

ie

die die

sie sie

wie wie

hier hier

der die das ie

das T r L

R W

Was piept denn da?   piept   piepen

Der Mann

Die Uhr

Die Tiere

F F

I T F
F

Fa Fi Fo Fu Fe

F   Foto

Feder   Feder

die der das

Film   Fest

Ferien   Fluss

Fa	Fut	Fe
ter	san	der

Fah	Fo	Fens
ne	ter	to

Fasan

f f
f
f

f   f

rufen   fahren

fallen   fahren   rufen   helfen

Ina ruft: Mama, Hilfe!

Mein Arm tut so weh!

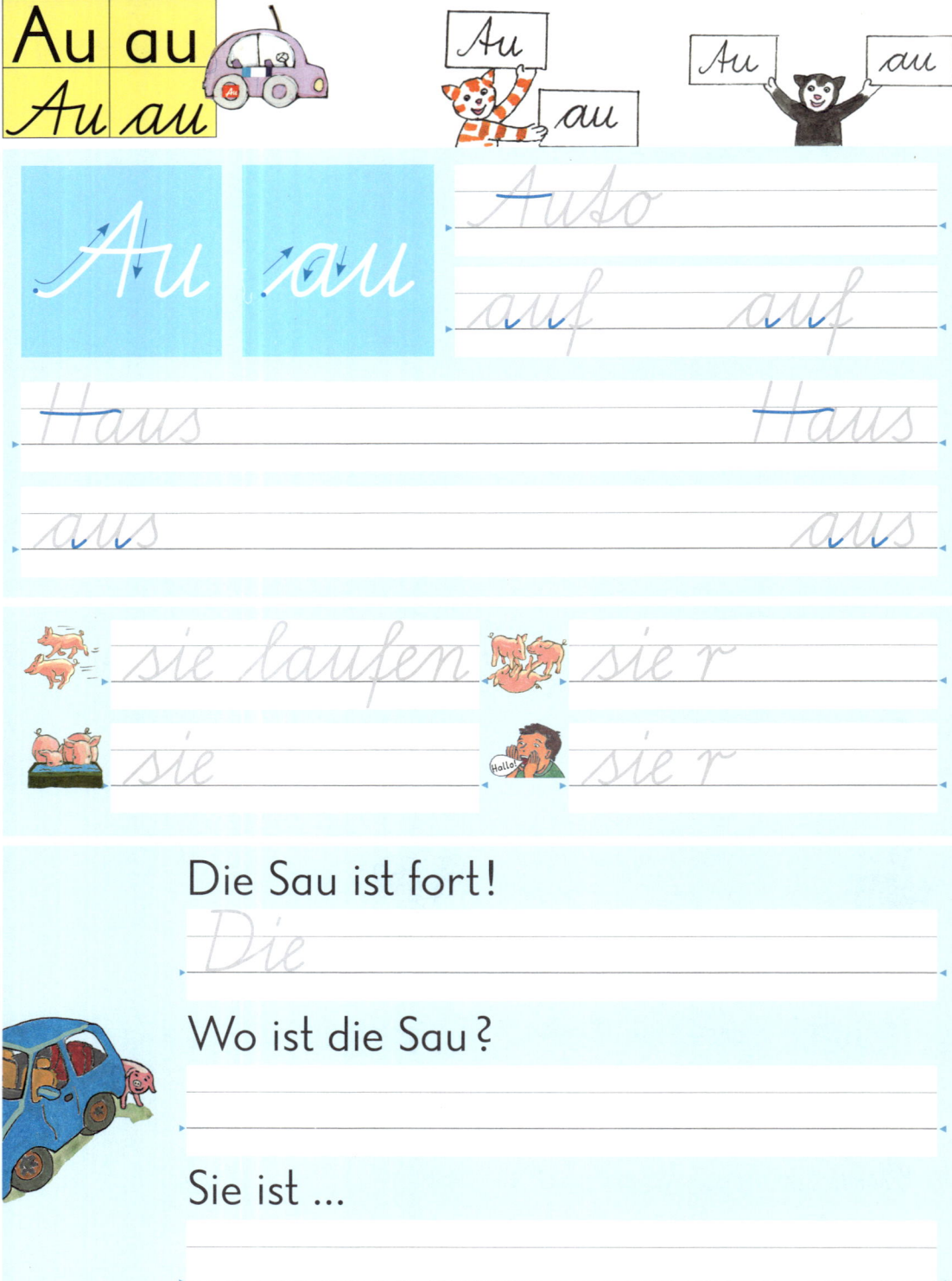

Au au
Au au

Au au

Auto

auf   auf

Haus   Haus

aus   aus

sie laufen   sie r

sie   sie r

Die Sau ist fort!

Die

Wo ist die Sau?

Sie ist ...

40

B

I P B
B

B   Bude

Baum

Reime mit B.

der Raum   das Band

der B   die H

| Brille | Ball | Birne | Blume | Besen | Brief |

die

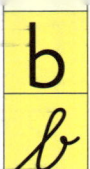

b   l   b

b

bl bu bo bi be

ba   bauen

be   haben

wir bauen   er

wir toben   er

Wir bauen eine Bude.

Wir

Alles ist blau und gelb.

Mimi muss unten bleiben.

K ⫼ K⫼ K

K

K   Kind

Korb   Korb

Kan	Kof	Ket
fer	se	ne

Kis	Ka	Kin
mel	se	der

Kanne

Kartoffeln   Kiwis   Bananen   Brote

Im Korb sind

Im Korb

Im

k

l k k

k

k   klein

Kekse   Kekse

kleben   kennen   kippen

er kennt   er

    kaufen

er   er

     kauen

er   er

    kommen

er

Oma kauft ein Paket.

Oma

Die Kinder sollen es bekommen.

Sind Kekse im Paket?

Ch	ch
Ch	*ch*

Ch   *ch*   China

ich

China   China

Buch   Buch

Reime.

Licht   lachen   tauchen

W   m   f

n   w   r

d   S   br

So sehe ich aus   Das finde ich toll   Das mache ich oft

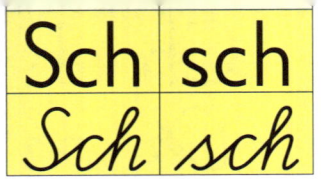  

Sch **sch**
Sch **sch**

Sch sch

Schule
schon

Schule   Schule
Tasche   Tasche

w sch i e n · wir wischen
ich

l a sch n f e · wir
ich

w sch a e n · wir
ich

sch au e n · wir
ich

Alle helfen Sascha in der Schule.
Alle

Sascha lernt schnell.

Nun schreibt er einen Brief.

D

b p d

Pu el · Rä e · Tau e · Ma e · Nu el

Pu e · Na el · Rau e · Am el · Bu e

Pa ier · Kin er · Hun e · Lie er

der, die oder das?

t t Sch e	Schule	die Schule
d e F r e		
B m l u e		
ie e W s		
T i sch		
ch e K n u		

47

d	f	ch	au	b	sch	k	w

d

ru	ba	bau	la
den	chen	fen	en

kau	fah	schrei	rech
ren	ben	fen	nen

rufen

Geheimschrift

tauchen	helfen	schlafen	waschen

tauchen   ich

ich

ich

ich

Ö ö
Ö ö

Ü ü
Ü ü

Ö ö

Öl

Löwe

schön   schön

böse   böse

hören möchten

wir   wir

ich   ich

Ü ü

Tür

für

müde

wünschen

N ü s s e   H ü t e

fünf

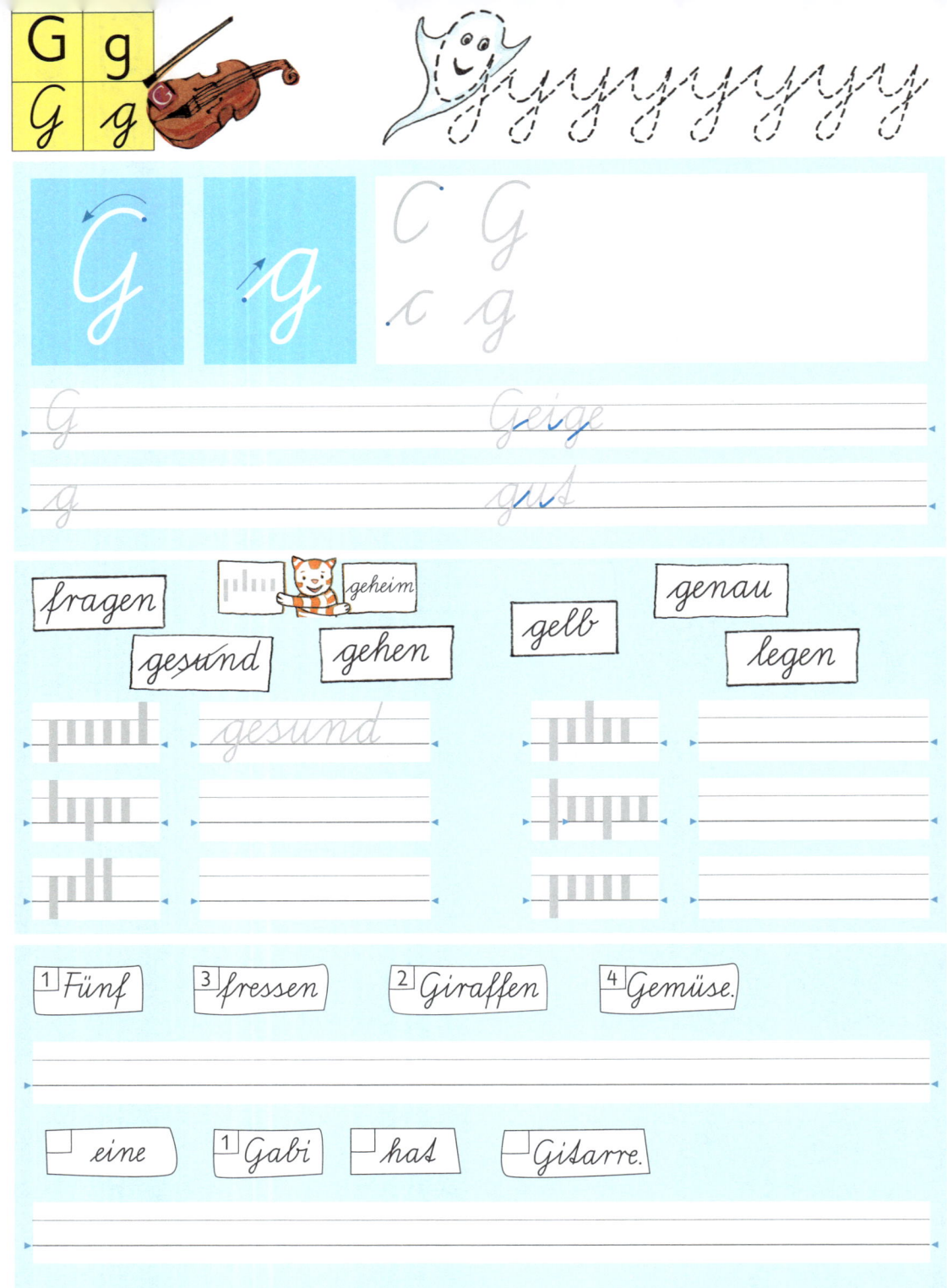

G g

G   G
g   g

G   Geige

g   gut

fragen   geheim   genau

gesund   gehen   gelb   legen

gesund

[1] Fünf   [3] fressen   [2] Giraffen   [4] Gemüse.

eine   [1] Gabi   hat   Gitarre.

ß
ß

1 ß
ß

ß   oß

groß   groß

weiß   weiß

Reime.

Füße   reißen   Kloß

Gr   b   Fl

              h   Sch

weiß — e / er / es

eine *weiße* Wolke

ein _____ Schaf

groß — e / er / es

ein _____ Kamel

ein _____ Wal

V v
V v

𝒱
𝓋

vi vo va ve

Va   Vater

v   von

ver — sorgen
ver — kaufen
vor — lesen
vor — laufen

Mein Opa hat vier Vögel.
Mein Vater sagt: So viel Arbeit!

Mein

Eu eu

Reime.

die _____ _____ _____

die _____ die _____ _____

die _____ die _____ _____

| heulen | heute um neun. | [1] Neun Eulen |

_____

| ihre Beute. | holt sich | Die Eule |

_____

Z z
Z z

zu viel zu hell zu laus zu heiß

zu viel

zum zur

Ich gehe   Zahnarzt
Ich   Schule
Ich   Zug
                  Post

54

ja	jo	jau		Ju	Jo	Ja
deln	len	gen		pan	do	gurt

Julia will im Juni und Juli jeden Tag Judo üben.

tz
tz

tz

tz
Satz
Satz

Katze Mütze Latz Blitz Witz Netz
jetzt sitzen putzen kratzen

Reime.

der Satz . die Katze . sitzen

der Bl . die T . r

der Sch . die Fr . ft

Ordne. Schreibe zum Bild.

| Baum. | 1 Der | trifft | Blitz | den |

| liegt | 1 Da | Schatz. | ein |

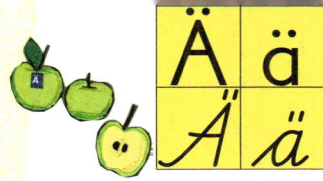

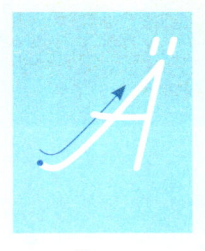 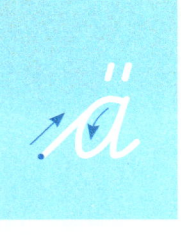

Äste

Bär

Apfel Äpfel Ärmel Ärztin

Mädchen wintern schüler zittern

Einzahl   Mehrzahl

 ein Apfel    viele Äpfel

 ein Ast

 ein Ball

 eine Hand

 Das • im • schläft • Korb. • Kätzchen

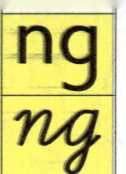

ng
ng

ng

lang   *lang*

eng   *eng*

Junge Engel Finger Klingel Ring

jung fingen klingeln ringen

Reime.

die *Zunge*   der *Engel*   *singen*

der *J*   der *B*   *r*

Welche Wörter passen?

bringen Ring feiern   *singen bringst*

Nina und Ina   *ein Fest.*

Alle   *ein Lied. Sie*

auch etwas mit. Hannes gibt Ina

einen   *Und was*   *du mit?*

Ich

Kuckuck!

ck

Reime.

bücken	lecken	schmücken

backen   decken   packen

Mücke

Brücke

Glücke

Äu äu
Äu äu

Äu äu

Äuglein

er läuft

Mäuse   Geräusch   Räuber   Bäuerin

ein Haus   viele Häuser

eine Maus   viele

ein Baum

ein Auge

Nele träumt.

| ein Geräusch. | Plötzlich | sie | hört |

| es | Ist | ein Räuber? |

60

St st

St st

St *st*

Stuhl

stark

Stein Stab Storch Stern Stift Stock

staunen stehen stolpern streiten

stehen	staunen	stecken
ich	ich	ich
du	du	du
er	er	er

Stie	Stun	Stei
de	ne	fel

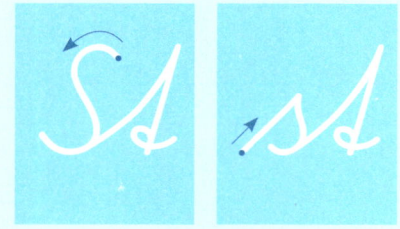

Stem	Stif	Stra
se	ße	pel

Z	G	V	J	St	Ü	Eu	Äu

Z

Einzahl — *Mehrzahl*

ein Stab	*zwei Stäbe*
ein Zahn	*drei*
ein Loch	*vier*
ein Turm	*fünf*

| *ein Strauß* | *zwei Sträuße* |

Fünf Räuber räumen ihre Räume auf.

Fünf

62

v	g	ö	j	ck	st	ä	ß

v

lang — e / er / es

ein _____ Fluss.   eine _____ Zunge.

ein _____ Kleid.   eine _____ Brücke.

ein _____ Band.   ein _____ Stock.

Das Auto ist _____

Das Auto _____

Das _____

Der Bäcker hat leckere Schnecken
aus Zucker gebacken.

Der _____

_____

Sp	sp
Sp	sp

Sp   sp

Spinne

spielen

Spiel Spiegel Spinat Spatz Spaß

spielen spitz sprechen spritzen

spielen   springen   sparen

ich spiele   ich   ich

er   er   er

wir   wir   wir

Was ist das?

neat sp

G e sp e n st

ein

Spiegel ie g l Sp e

nispen

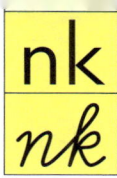

nk

Bank

krank

Danke Geschenk Onkel Schrank

dunkel danken schenken trinken

Reime.

der	Schrank	schenken	trinken
der	D	d	h
die	B	t	w

Schreibe.

einen Saft	über das Geschenk
auf der Bank	meinem Onkel

Ich trinke .

Ich winke .

Ich sitze .

Ich freue mich .

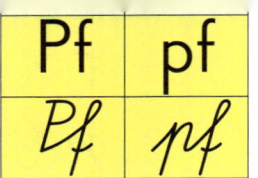

Pf	pf
Pf	pf

Pf pf

Pferd

Apfel

Pflanze Pfeffer Pfanne Pfeil Pfau

pflanzen pflegen pfeifen pflücken

	der	die	das

Pferd
Pfeil
Apfel
Pfote
Pflaster
Topf
Pflanzen
Pflaumen

Pflanzen brauchen

Pflanzen brauchen

Pflanzen

Licht
Dünger
Erde
Wasser
Wärme

Qu qu

Qu

qu

Qu   Qualm

Qualle   Quelle   Quark   Quadrat

qu   quer

quaken qualmen quieker quatschen

---

a r t Qu a d   das

l a Qu m

la le Qu

Qu e ll e

a Qu k r

l r i Qu

---

quatsch	en		quiek	en		quak	en

Das Kind

Der Frosch

Das Schwein

X x
𝒳 𝓍

x xi xe

X   Xenia
x   Max
xi   Taxi
xe   Hexe

	hexen				
ich	hexe	ich		ich	
er	hext	er		er	
wir	hexen	wir		wir	

boxen   mixen

Hexe Trixi besucht Max.

Hexe

Max fährt ein Taxi.

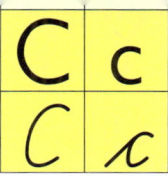

C	c
C	c

C   C

Comic

Clown   Cola   Creme   Computer

Cent   Camping   cremen   cool

der

die

chs

chs

Luchs

wechseln Dachs Fuchs Luchs Eidechse

der

der

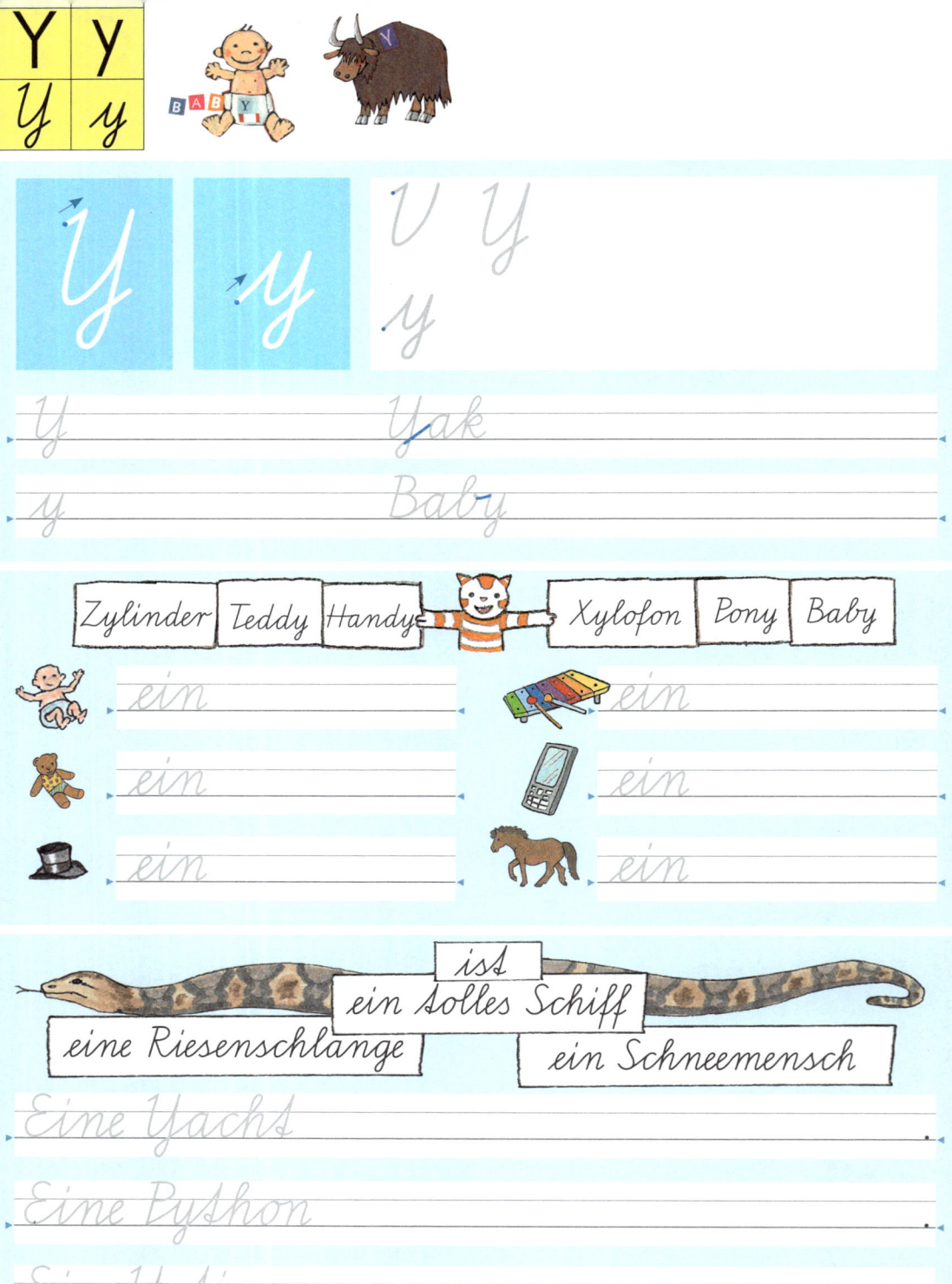

Y Y
Y y

V Y
y

Y   Yak
y   Baby

| Zylinder | Teddy | Handy | | Xylofon | Pony | Baby |

ein _____   ein _____
ein _____   ein _____
ein _____   ein _____

ist
ein tolles Schiff
eine Riesenschlange   ein Schneemensch

Eine Yacht _____
Eine Python _____
Ein Yeti _____

70

G	X	Sp	Y	Pf	Qu	C	Z

G

Ba	Spin	Pflan	Qual	spre	mi	pfle	qual
le	ze	by	ne	men	gen	xen	chen

Wenn kleine Hexen zaubern:

⚀ Zauber	⚀ Salat
⚁ Zirkus	⚁ Zahn
⚂ Puppen	⚂ Pferd
⚃ Feuer	⚃ Haus
⚄ Obst	⚄ Qualle
⚅ Löwen	⚅ Clown

Zauber

Haus

das Zauberhaus.

c	sp	y	x	pf	k	qu	g

c

er jagt	jagen	der Jäger
er pfeift		die
er qualmt		der
er grüßt		der
er faxt		das
er springt		der

Bilde Sätze.

pfeife ich laut
spiele ich mit Freunden
quatsche ich dazwischen

Oft

Manchmal

Selten

Am liebsten